PUBLICATIONS POPULAIRES.

N° 1.

15 CENTIMES.

PUBLICATIONS POPULAIRES.

CONSPIRATION DU CAPITAL

PAR

LÉO SAPORTA,

Auteur du livre : *Des Besoins et de l'Esprit du siècle,*
1838—1842 ;

TRADUCTEUR ET COMMENTATEUR

Des Pères de l'Eglise St-Augustin, — *St-Grégoire de Nysse,* —
St-Astère, etc.

LA PEINE DE MORT PAR L'ÉCHAFAUD EST ABOLIE ;
LA PEINE DE MORT PAR LA FAIM EST MAINTENUE.

Le prolétariat aspire à briser par un suprême effort, le dernier anneau de sa chaîne, à secouer ses misères, à élever le travail au rang de propriété, à vivre enfin.

La propriété, au contraire, surexcitée par ses périls, tend au despotisme absolu, en abusant de son privilége, et affamant le travailleur.

La position est violente, c'est-à-dire impossible ; la solution inévitable, prochaine, tous l'attendent ; les uns la redoutent et les autres l'espèrent.

Les classes privilégiées ont perdu dans l'égoïsme le sentiment de leur mission civilisatrice : la régénération, Dieu aidant, nous viendra d'en bas où la moralité s'est réfugiée., — épurée par toutes les douleurs de l'âme et du corps.

Ce seront les détenteurs du capital (je ne dis pas du sol), — du capital, cet instrument par excellence de toutes les tyrannies, qui organiseront l'asservissement par la faim, si le sabre et la faim suffisent à cette œuvre de ténèbres.

Dans l'un ou l'autre cas, nous avancerons à travers les déchirements et les ruines ; les voies de conciliation ont été impuissantes, la lutte est implacable, la civilisation en cause et Attila aux portes.

La solution sera violente, parce que l'avarice et la thésaurisation sont inexorables, parce que la féodalité financière est inflexible et sourde, et déterminée à maintenir envers et contre tous, l'état social actuel, c'est-à-dire une situation économique mathématiquement impossible : les événements se précipitent et le cataclysme s'avance.

La transformation sociale s'opérera, quoiqu'on fasse, parce qu'elle est une conséquence rigoureuse, logique, des nécessités que le temps amène ; parce que la grande loi de la solidarité humaine ne peut être impunément répudiée, parce qu'il faut, sous peine de mort, des conditions nouvelles d'organisation à des populations qui se sont, depuis un demi-siècle, agglomérées, superposées les unes sur les autres, en proportion inverse de la concentration du numéraire.

L'égoïsme des prétendus hommes d'État, qui depuis vingt ans ont passé au pouvoir, a précipité la catastrophe en croyant la conjurer ; les aveugles ! Aujourd'hui la société penche vers sa ruine et l'esprit de vertige des exploiteurs va croissant !

Il n'y a pas dix ans que j'ai montré l'abîme… et l'abîme est béant ! (*)

La France, l'Europe, ne peuvent être sauvées désormais

que par des hommes qui professeront à un égal degré le mépris de l'argent et le culte de l'idée régénératrice.

À l'œuvre ! vous tous qui avez la foi, le cœur fort, les mœurs simples et l'orgueilleux mépris des biens du monde. La République est tombée aux mains des Français de la décadence, et la société se meurt dans les convulsions de l'égoïsme, aux prises avec la misère aux abois ; debout ! l'heure est venue !

L'exercice du suffrage universel a pris les travailleurs à l'improviste ; il n'y avait encore, après la révolution de février, dans la classe ouvrière, ni cohésion, ni unité ; il ne pouvait y avoir une intelligence complète de l'importance des élections. La bourgeoisie a eu le temps de délibérer ; tous les partis dynastiques, toutes les aristocraties ont fait une alliance offensive et défensive contre ceux que, dans leur secrète pensée, elles appelaient l'ennemi commun, contre les prolétaires ; elles ont traîné à la remorque les gens à gages, la domesticité, et ont fait invasion dans l'Assemblée constituante.

Ce résultat est le plus grand malheur qui pût arriver.

Avec une chambre imprégnée de l'élément populaire, intelligente des besoins et des misères des travailleurs, compétente pour sonder la plaie du prolétariat, le seul problème qui soit à résoudre de nos jours eût trouvé une solution laborieuse sans doute, mais pacifique ; le salut de la société en eût été la conséquence.

Avec l'Assemblée constituante actuelle, nous avons été brusquement rejetés dans l'inconnu.

Toute discussion est intempestive vis-à-vis de gens qui ont un parti pris.

Je n'écris plus pour persuader les classes privilégiées ; ce qu'il est advenu des systèmes proposés, on le sait ; la

République du juste-milieu les a anathématisés, proscrits, et c'est son propre spécifique qu'elle applique dans ce moment-ci à la société, laissons la faire ; elle cherche à rendre possibles des impossibilités ; attendons, chaque chose a son temps. J'écris pour discipliner les colères contenues, les douleurs qui vont faire explosion ; j'écris pour montrer aux aveugles la situation telle que leur aveuglement l'a faite ; en appeler une fois de plus à la raison et à la justice des *honnêtes gens*, serait peine perdue ; c'est de leur impuissance et de leurs périls qu'il faut les avertir.

Avant quelques semaines, au train dont nos prétendus hommes d'État mènent les choses, le flot de la misère aura monté et envahi successivement tous les degrés de l'industrie aux abois ; le petit commerce succombera sous le double fardeau des nécessités quotidiennes aussi bien que de ses obligations non remplies, et il partagera les instincts des classes ouvrières parce qu'il partagera leurs souffrances.

Avant quelques semaines l'aristocratie financière, en face de son capital improductif, touchera du doigt les causes de son isolement ; elle cherchera des appuis autour d'elle et ne trouvera que des mercenaires enrégimentés ; livrée à ses seules forces, elle mettra tour-à-tour son espérance dans des simulacres de concessions et dans les rigueurs matérielles ; mais le mal a des racines qu'on ne peut extirper que par les remèdes financiers héroïques, et les demi-mesures ne sauvent pas les peuples en révolution, bien moins encore la force inintelligente ; ce jour là, mais trop tard, le capital comprendra peut-être que c'est la bonne distribution des richesses qui fait la prospérité des peuples, que l'agglomération du numéraire n'engendre que l'exploitation, la misère et tous les abus qui en découlent, et que c'est la petite consommation, en définitive, qui par son activité, alimente les sources de la prospérité publique.

La République *honnête* ne voit pas, ou ne veut pas voir, qu'il n'y a qu'une seule question à résoudre, une seule, mais qui les contient toutes, et engendre les complications formidables de l'économie sociale moderne ; la politique n'est plus aujourd'hui qu'une question d'estomac ; eh ! mon Dieu oui ; une triviale question d'estomac !

Allons ! sophistes et gens de guerre, nous sommes sur un vaisseau dont la cargaison est épuisée ;— je me trompe, —dont la cargaison est accaparée au profit d'une partie de l'équipage, et les passagers ont faim ! — Faut-il les jeter à la mer ?.

— Eh bien ! dites-vous, nous ne jeterons par dessus le pont que ceux qui réclameront comme un droit ce qui est après tout facultatif de notre part ; quant aux autres, nous sommes bons princes, et voici notre obole.

— Ainsi, le progrès révolutionnaire se résumerait à vous entendre, en une aumône ! l'aumône ! le pire de tous les esclavages ! aumône au moyen des ateliers nationaux, ateliers sans travail, oisiveté salariée et subie par l'ouvrier que la nécessité avait contraint ; puis aumône au moyen des distributions à domicile à raison de seize centimes par jour ! seize centimes ! une cruauté ! ce qu'il faut pour prolonger l'agonie ! O Christ ! ami des pauvres que tu vins glorifier, les Pharisiens et les Juifs, les fils de ceux qui te crucifièrent nous offrent en ton nom les miettes de leurs festins !

Deux mois après février, j'écrivais : — « Basile a retourné sa défroque et va criant à pleins poumons : Vive la République ! Quand les exploiteurs de tous les régimes auront compté leurs forces, organisé leurs moyens d'action, reconstitué un système d'exploitation rajeunie sous des formes nouvelles, quand ils auront *monarchisé* la République et qu'on aurait en définitive le mot sans la chose, ils diront au peuple : « La République, qui est l'expression la plus avancée de la souveraineté populaire, vous l'avez, et désormais il n'y a plus de prétexte à des agitations nouvelles; mort aux factieux. »

(*Monde Républicain*, mai 1848.)

Et la contre-révolution a inauguré, depuis, une République à sa façon; seulement elle n'est point encore assez *honnête* à son gré, c'est-à-dire que l'exploitation n'a point assez ses aises, elle ferait bon marché de toute dynastie si elle pouvait reconstituer sans elle une oligarchie bourgeoise; les dévouements par conviction ne sont pas des vertus allant à sa taille; mais ce mot de République, après tout, sonne mal et cache un principe, et la contre-révolution cherche, par les chemins de traverse, à se réfugier de nouveau dans la monarchie, prélude de la consécration de tous les monopoles. — Mais patience, messieurs, la révolution n'est pas close! vous êtes les produits du suffrage universel, mais les produits avortés, venus avant terme; l'arbre portera d'autres fruits, et ce jour n'est pas loin.

Poursuivez l'expérience, en attendant, et tentez le peuple en lui montrant le morceau de pain promis à sa soumission. Il s'agit pour la Société d'être ou de n'être pas, et vous rêvez la mise en scène d'un prétendant! Intronisez-le dès demain, s'il vous plaît, intronisez-les successivement les uns après les autres, peu nous importe après tout; quoi! vous ne voyez pas que les questions de personnes, au temps où nous sommes, sont bonnes tout au plus à défrayer la polémique des antichambres (**)?

— Mais la restauration d'un prétendant, c'est le retour du crédit, du travail, de la prospérité commune, dites-vous.

— Ah! vraiment! vous daignerez danser par souscription, renouveler vos équipages, illuminer pour vos fêtes vos demeures aujourd'hui désertes, planter et bâtir, subventionner l'Opéra, faire aux pauvres l'aumône d'un peu de luxe, recommencer l'ancien système, avec ou sans modifications ; l'ancien système ! Vous n'avez donc pas encore appris à le juger par ses résultats ?

Quelles pauvretés ! quel aveuglement ! Une révolution sociale s'accomplit ; sociale, entendez-vous ? Tout pouvoir, quelque nom et quelque forme qui lui soient donnés, tout pouvoir qui ne sera pas l'expression radicale des intérêts jusqu'ici sacrifiés, comprimés, tout pouvoir qui ne procédera pas résolument à l'émancipation sociale des travailleurs, périra nécessairement comme les pouvoirs déjà renversés.

Avec ou sans prétendant, avec ou sans monarchie, avec ou sans président, avec ou sans votre prétendue République, si vous persistez à laisser le prolétariat à la porte de la civilisation, vous n'aurez ni paix, ni trève, ni autorité morale, ni Société ; vous aurez le chaos, vous verrez se dresser comme un squelette le spectre en haillons du paupérisme, en attendant celui de la banqueroute ; l'Irlande continentale se lèvera et elle n'aura pas la patience abrutie des insulaires ; alors si vous trouvez des soldats pour réduire la faim au silence par la mitraille et par le sabre, cette fois vous étoufferez dans un bain de sang : les victoires de juin ne se répètent pas impunément.

Vous serez dominés par une situation inexorable et tous les périls vous circonviendront à la fois.

Vous ne pourrez avoir avec sécurité ni la paix ni la guerre. Si l'armée vous laisse aux prises avec la question intérieure, il suffira d'un souffle pour que l'édifice s'affaisse sur lui-même ; avec la paix, le bouillonnement des besoins et des passions ira croissant, les impossibilités s'accumuleront autour de vous comme autant de montagnes, vous tomberez sous le poids de l'impopularité et de l'impuissance sans conjuration, sans insurrection, sans barricades.

La bourgeoisie a refusé, en temps opportun, les concessions qui dérivaient nécessairement, depuis un demi-siècle, des rapports nouveaux des classes entre elles ; aujourd'hui, surprise à l'improviste, elle jette autour d'elle des regards épouvantés, elle passe de la peur au délire de la colère, puis au découragement ; il est trop tard ! le fer, le plomb, les cachots, les camps autour des capitales, les déportations, les jugements à huis-clos, les dragonnades et les conseils de guerre, rien ne pourra arrêter le char roulant sur la pente à toute vapeur... et le gouffre est là...

Le paupérisme a fait invasion ; il est venu surprendre au milieu de leur orgie les débauchés de la civilisation ; aujourd'hui, dans cette ville si renommée par son luxe et ses arts, des faubourgs populeux, des quartiers tout entiers n'ont que des locataires insolvables ; si les propriétaires voulaient — on peut dire pouvaient — les expulser à un jour donné, ce jour-là, trois cent mille âmes camperaient dans les plaines de Grenelle et de Saint-Denis, dans les rues et les carrefours *de la grande* ville ! Ceux qui appellent cela une société, une civilisation, ont perdu le sens ; je leur demande, à mon tour, ce que c'est que la propriété dans les conditions étranges d'*improductivité* que je viens d'indiquer.

Quand la *bêtise* et la cupidité font alliance, elles accumulent, à leurs risques et périls, les difficultés d'une situation inextricable ; le flot monte et déborde, puis l'idée toute puissante, irrésistible, implantée dans les esprits, passe brusquement dans la pratique et dans les faits. Il est dans la destinée des pouvoirs impopulaires d'être inintelligents et aveugles : une heure avant d'être chassé de son palais, Louis-Philippe disait, en entendant le bruit du peuple en armes : « Nous sommes en carnaval, et la parade passe. » Le fait et l'idée révolutionnaire viendront tout à coup vous frapper de stupeur comme lui, pendant que vous étudierez, en conseil, des modèles de barricades mobiles, avec ou sans roulettes, et que vous délibérerez doctement s'il convient de mettre votre autorité d'un jour sous la sauvegarde de fortifications permanentes ou de forts détachés transportables (1).

Allons, Escobards et jésuites de la République, gouvernez longtemps ainsi si vous pouvez ; prenez pour exécuteur de vos œuvres des hommes-machines qui offrent la bataille aux affamés, s'imaginant, dans leur naïveté, que des coups de sabre appliqués à propos et quelques centaines de coups de canon sont la suprême politique. Vous comptez sur la terreur ! La terreur, messieurs, atteint les sommets de la civilisation, elle pénètre au milieu des enivrements efféminés du luxe, elle glace les âmes énervées par les habitudes du bien-être et les voluptés des sens, elle se glisse là où les douces joies de la famille ont un sanctuaire ; dans ces régions qui ne sont point les nôtres, la terreur s'implante et paralyse ceux qu'elle touche de ses doigts de fer ; mais le peuple, qui n'a ni joies sans trouble, ni pain sans sueurs, ce colosse à l'épreuve de toutes les disgrâces, entreprendre de le comprimer par la terreur ! allons donc ! versez le sang à flots au seuil des maisons, entassez morts et blessés dans les souterrains et les égoûts, faites dans la nuit d'horribles boucheries humaines, puis jetez pêle-mêle sur vos pontons les malheureux échappés aux fusillades et arrachés sans jugement à leurs vieux pères, à leurs enfants et à leurs femmes, et vous n'aurez rien fait, rien !... Attila, messieurs, quand Dieu l'envoya, trouva aussi une

____

(1) On sait que la République des *honnêtes gens* a fait confectionner de petites machines de guerre, de petits *pare-à-balles* en tôle, matelassés, crénelés, etc., etc.

société gorgée d'or et bardée de fer, et il mit le pied dessus!

Que vous acceptiez ou que vous repoussiez un progrès inévitable, la dépendance de la classe ouvrière sous la pression du capital, désormais c'est l'impossible ; le travail ne peut plus être, ne veut plus être à la merci du capital (***)

En face de la coalition des hommes d'argent, vous aurez la coalition des travailleurs.

— Le capital peut attendre et régler ses repas à ses heures, pensez-vous ; le travail, au contraire, est affamé ; entre nous et lui les armes ne sont pas égales ; le travail passera sous les fourches caudines, et la faim capitulera.

Eh ! pauvres esprits, ce qui fait votre faiblesse, c'est que vous possédez ; ce qui fait la force des prolétaires, c'est leur misère et leur misère imméritée, c'est que le sort qui leur est laissé est inique devant Dieu, odieux à tout homme qui sent un cœur battre dans sa poitrine.

La faim capitulera! mais à quelles conditions, en définitive? Vous discutez, pourquoi? Pour déterminer le maximum des heures de travail dans les ateliers. La journée sera-t-elle de dix, onze ou douze heures? Pendant que vous délibérez sur cette *importante* question, les ouvriers font grève par centaines de mille !... Vous vous entretenez doctement et longuement de ceux qui ont ou auront du travail ; mais de ceux qui ne peuvent en avoir, qu'adviendra-t-il ?

— Ah ! ceux-là, la République du juste-milieu n'a pas à s'en occuper.

— Fort bien ! je ne vois pas dès-lors de capitulation possible, et si vous ne comprenez pas, Messieurs les *Constituants*, que vous êtes appelés à *constituer* une République où nul ne soit plus désormais condamné à mourir par la faim, vous tomberez, un jour ou l'autre, sous la main d'un dictateur qui l'aura compris. «Advienne que pourra», semblez-vous dire, c'est la devise des impuissants ; avec un tel système, des gendarmes suffisent... et un chef du pouvoir exécutif à leur tête, y voyant, en politique, à peu près aussi loin que le bout de son sabre; c'est ce que nous avons.

Un homme sensé ne peut appeler cela un gouvernement; nul ne peut gouverner s'il ne sait prévoir.

Il y a un peuple hors la loi, celui dont le lendemain est sans cesse en question, — en dehors de la civilisation, de la société, du droit commun, celui qui a tous les devoirs, et depuis fevrier, tous les droits... celui de vivre, excepté ! Ce peuple ! il a désormais planté au milieu de vous le drapeau de la Régénération. Vous refusez de l'assimiler à vous-mêmes, il superposera une civilisation nouvelle à votre civilisation décrépite. Le christianisme ne rétrogradera pas devant vos cupidités (****).

Eh bien ! puisque le sort en est jeté, et que Dieu frappe d'un aveuglement sans remède ceux de qui sa main se retire; vous tous qui êtes, comme le Christ, persécutés et pauvres, allez et multipliez selon le précepte divin, et que votre race, devenue innombrable, inonde l'Europe et épouvante pacifiquement les aristocraties aux abois; multipliez, multipliez sans souci du lendemain; la misère n'ira pas au-delà de la limite extrême qu'elle a atteint pour vous; multipliez, vous dis-je, en dépit de Malthus l'économiste, et que les heureux du monde étouffent au milieu d'une nuée de prolétaires et d'affamés ! — Ils comprendront alors !

Si le travail manque à vos bras, que vos longues phalanges emplissent sans tumulte les villes somptueuses que vous avez édifiées de vos mains et où vous n'avez pas une pierre pour reposer la tête; demandez, le front haut, votre place au soleil, une part des fruits de la terre fertilisée par vous, demandez cela sans colère, mais le front haut;

c'est le riche qui a dit : *C'est une honte d'avoir faim, que la faim ne vienne pas attrister mes plaisirs.* C'est le riche qui a écrit dans la loi qu'il a faite : *Le froid et la faim sont un délit qu'il faut cacher.*

Moi, je vous dis : glorifiez-vous d'être pauvres, et promenez sur la place publique votre misère imméritée.

Laissez le capital conspirer à son aise ; que ceux qui le détiennent sèment, bâtissent, forgent, fouillent les mines, ouvrent les sillons de la terre, et continuent, s'ils le peuvent, la civilisation qui fut votre œuvre ; nous verrons comment ira le monde, quand vous ne serez plus là pour édifier le paradis qui a jusqu'ici abrité leurs loisirs.

Nous avons pour nous la justice et le nombre ; ayons aussi la cohésion, l'unité ; l'avenir est à nous.

Partout où vous avez remplacé, en les poussant du pied, des pouvoirs immoraux, à Lyon, à Limoges, à Paris, vous fûtes généreux dans la victoire ; le bonnet phrygien, vous l'avez réhabilité ! Vous gardiez bras nus et sans vêtements les richesses que vous aviez créées de vos mains. Plus tard, ceux auxquels vous n'aviez pas ôté un cheveu de la tête, que vous aviez couverts de votre mansuétude, ceux-là mêmes vous ont injurié, calomnié, proscrit... La vipère a bavé son venin ! et c'est cela qui fait votre force ; Dieu n'est pas un vain mot ; il n'y a pas de triomphe sans combat ou sans martyrs, il n'y a pas d'apothéose sans sacrifice ! mais le sacrifice a dépassé la mesure. Ne tendons pas la gorge au couteau ; écartons, désormais, les provocateurs et les embûches, poursuivons l'affranchissement par le suffrage universel ; par lui nous introniserons législativement la démocratie des travailleurs ; avec cette arme offensive et défensive nous mettrons à néant — et sans coup férir, Dieu aidant — les aristocraties, les prétendants, les ambitions égoïstes, les exploiteurs oisifs, la tyrannie du capital.

Si le suffrage universel, cette conquête providentielle, gage de toutes les autres, n'était pas définitivement sanctionné, alors... Dieu l'aura voulu... regardons au ciel... et recommençons la révolution !

NOTES.

* Je disais dès 1838 :

.... A mesure que les populations s'accroissent, cherchant l'espace et l'air et débordant de toutes parts... les intérêts anciens s'alarment et se raidissent davantage dans leurs exigences. A mesure que la difficulté grandit, les passions s'ulcèrent dans les mêmes proportions, la question se complique, l'orage s'amoncèle.

.... Il y a des faits qui viennent imposer leur autorité puissante, irrésistible ; tout s'enchaîne et se coordonne, et lorsqu'une révolution successive s'accomplit par une force au-dessus de la force humaine, on doit accepter ses conséquences.

.... A ces besoins dont on ne peut nier l'existence, *il* faut trouver une satisfaction ; à des exigences nouvelles il faut une organisation sociale qui admette des modifications nouvelles

La foule est là tout à l'heure, innombrable, aspirant avec effort l'air qui lui manque ; en face de ce problème toujours se compliquant, que ferez-vous ?.... Ce n'est plus la mort sur un champ de bataille, c'est la vie que la foule vous demandera, il faudra lui donner l'air et la vie.

Comment ne voulez-vous pas que des agitations soudaines

— 14 —

vicnnent tout-à-coup surpendre, au milieu de leur aveuglement ou de leur sommeil, les sociétés ainsi faites?.....

(Des Besoins et de l'Esprit du siècle.
P. 255-256. — Paris 1842.)

(**) Les questions de personnes n'auront quelque importance pour le peuple qu'autant qu'elles seront un gage
de bien-être et de sécurité pour lui ; les querelles poli-
tiques, si elles ne doivent modifier que les formes, ne
sont qu'une agitation maladive et stérile......... Qu'importe au peuple de changer de couleurs et de maître, et de
faire tenir le bout de sa chaîne à celui-ci plutôt qu'à un
autre ?.....

..... Les nécessités de la situation deviendront in-
flexibles...... la question ne sera plus concentrée dans le
cercle étroit des aristocraties rivales et cessera d'être politique pour devenir sociale.....   (P. 279.)

(***) ..... Pourquoi le travail du moment, le travail
actuel ne serait-il pas une propriété comme le travail ac-
cumulé ?

La propriété, aujourd'hui, est une sorte de droit de vie
et de mort sans devoirs correspondants ; elle peut réduire
le salaire, supprimer tout-à-coup le travail et affamer l'ouvrier.....

Si vous ne faites du travail une propriété, l'ouvrier sera
serf comme autrefois, et autrefois, du moins, il avait la vie
matérielle.....

...... Le remède à cette anarchie industrielle est dans
l'association proportionnelle du travail et du capital........
il faut intéresser le travailleur à la prospérité publique, en
introduisant dans son action le désir et la liberté.

Le travail doit être permanent et ne plus dépendre des
variations et des caprices. Il doit être obligatoire pour le

prolétaire valide, et les gouvernements à leur tour doivent avoir pour obligation de fournir le travail et les instruments de travail.....

..... Constituez le travail comme une propriété; à l'instant les propriétaires et les prolétaires se trouveront réciproquement placés dans des conditions d'indépendance.

..... Il est urgent d'imposer certains devoirs à la propriété.   (P. 320 — 321.)

(***) Vous qui ne croyez à rien, si ce n'est à vous-mêmes et aux appétits de vos sens, ouvrez les yeux au jour qui point à l'horizon; ne voyez-vous pas que le vieux monde s'écroule et tombe en poussière?..... Ne sentez-vous pas que vous êtes précipités par une main plus puissante que votre main cadavéreuse?..... Au fond de vos cœurs n'entendez-vous pas une voix vous crier : « Voici venir le monde régénéré, car le monde ne doit point périr... » Colomb aussi ne rencontra qu'un stupide sourire quand il demandait un vaisseau pour découvrir un monde; Galilée recueillit la raillerie et la persécution ; quand il surprit un secret du ciel, le Christ fut couvert d'outrages et puni de mort comme un séditieux : la vérité, à chaque pas qu'elle a fait dans le monde, s'est heurtée dans les ténèbres, contre une croix ou un bûcher !
                                               (P. 356-357.)

..... Ce n'est pas seulement une loi divine que le précepte de la solidarité, c'est une nécessité sociale : partout où la dégradation morale a desséché les âmes, les sources de la vie ont tari ; quand Rome païenne disparut devant les Barbares, la corruption l'avait déjà frappée.

N'êtes-vous pas comme elle arrivées au terme fatal des sociétés vieillies, nations de l'Occident? Ne portez-vous pas au cœur la plaie qui rongeait Bysance au temps du

Bas-Empire, et le jour serait-il venu de vous enivrer de parfums et de vous couronner de fleurs avant mourir? Des royaumes ont passé, qui comme vous furent grands autrefois; la solitude est à la place où fut le siége de leur puissance, et le sable qui roule sur les rives de l'Atlantique a recouvert les débris d'une civilisation qui n'a laissé ni souvenir ni traces dans les traditions des hommes.

O ma patrie! quel destin est promis aux futures générations qui naîtront de tes fils! Est-ce que le brutal et bourgeois égoïsme qui a desséché les âmes a éteint à jamais toute générosité, toute grandeur, toute indépendance? est-ce que nulle voix ne secouera la léthargie de ton sommeil et ne rendra la vie au cadavre? Hélas! rien n'arrête la mer changeant éternellement son rivage, ni les gloires du monde abandonnant les empires.

PARIS,

OCTOBRE 1848.

CHEZ TOUS LES LIBRAIRES.

Typographie Bénard et Comp., pass. du Caire, 2

www.ingramcontent.com/pod-product-compliance
Lightning Source LLC
Chambersburg PA
CBHW061212050726
47594CB00008B/3649